Sabine Neureiter

Nahrung, Macht, Terror. Überlegungen zum Kannibalenhymnus

GRIN Verlag

Bibliografische Information der Deutschen Nationalbibliothek:

Die Deutsche Bibliothek verzeichnet diese Publikation in der Deutschen National-
bibliografie; detaillierte bibliografische Daten sind im Internet über http://dnb.d-
nb.de/ abrufbar.

Dieses Werk sowie alle darin enthaltenen einzelnen Beiträge und Abbildungen
sind urheberrechtlich geschützt. Jede Verwertung, die nicht ausdrücklich vom
Urheberrechtsschutz zugelassen ist, bedarf der vorherigen Zustimmung des Verla-
ges. Das gilt insbesondere für Vervielfältigungen, Bearbeitungen, Übersetzungen,
Mikroverfilmungen, Auswertungen durch Datenbanken und für die Einspeicherung
und Verarbeitung in elektronische Systeme. Alle Rechte, auch die des auszugsweisen
Nachdrucks, der fotomechanischen Wiedergabe (einschließlich Mikrokopie) sowie
der Auswertung durch Datenbanken oder ähnliche Einrichtungen, vorbehalten.

Impressum:

Copyright © 2007 GRIN Verlag GmbH
Druck und Bindung: Books on Demand GmbH, Norderstedt Germany
ISBN: 978-3-656-50573-0

Dieses Buch bei GRIN:

http://www.grin.com/de/e-book/262201/nahrung-macht-terror-ueberlegungen-
zum-kannibalenhymnus

GRIN - Your knowledge has value

Der GRIN Verlag publiziert seit 1998 wissenschaftliche Arbeiten von Studenten, Hochschullehrern und anderen Akademikern als eBook und gedrucktes Buch. Die Verlagswebsite www.grin.com ist die ideale Plattform zur Veröffentlichung von Hausarbeiten, Abschlussarbeiten, wissenschaftlichen Aufsätzen, Dissertationen und Fachbüchern.

Besuchen Sie uns im Internet:

http://www.grin.com/

http://www.facebook.com/grincom

http://www.twitter.com/grin_com

Nahrung, Macht, Terror.
Überlegungen zum „Kannibalenhymnus"

Überarbeitet 2013
Erstmals publiziert in:
Kemet - Die Zeitschrift für Ägyptenfreunde,
Essen und Trinken,
Bd. 3, 2007, Kemet Verlag, Berlin, 41ff
(www.kemet.de)

von

Sabine Neureiter, M.A.

Vorwort

Bei meinen Kemet-Artikeln handelt es sich um Texte, in denen ich versuche auf wenigen Seiten viele Informationen zu liefern. Der inhaltliche Rahmen ergibt sich aus dem Titel-Thema der jeweiligen Kemet-Ausgabe. Alle Artikel in den Kemet-Magazinen sind bebildert; die Fotos ergänzen die Texte.

Mir war bei jedem einzelnen Artikel wichtig, nicht lediglich schon bekannte und überall nachzulesende Informationen zusammenzustellen und nachzuerzählen. Ich betrachte alle Themen aus einer über den Tellerrand der Ägyptologie hinausgehenden Perspektive und stelle oftmals Thesen in den Raum, die eine Diskussion anstoßen sollen. Es handelt sich dabei aber immer um begründete und nicht aus der Luft gegriffenen Überlegungen.

Für viele meiner Artikel bilden ethnologische, soziologische oder religionswissenschaftliche Ansätze den Rahmen, um alternative Sichtweisen zu ermöglichen. Dabei gehe ich durchaus – aus ägyptologischer Sicht – etwas provokativ an ein Thema heran. Aber immer nur mit dem Ziel, neue oder unbekanntere Aspekte darzustellen.

Um altbekannter Kritik von vornherein entgegenzutreten: Grundsätzlich ist ein über räumliche und zeitliche Grenzen hinwegreichender Kulturvergleich ebenso statthaft wie ein sich ausschließlich an die Originalquellen haltender Versuch, Erkenntnisse über die altägyptische Kultur zu gewinnen. Das Argument, es handle sich bei dem einen um eine anachronistische und bei dem anderen um die einzig akzeptable Vorgehensweise, greift nicht. Denn schließlich findet auch das sprachwissenschaftlich fundierte Interpretieren einer altägyptischen Originalquelle alles andere als zeitnah zu ihrer Entstehung statt. Und eine Quelle aus der ägyptischen Spätzeit ist immerhin auch schon zweitausend Jahre jünger als etwa eine aus der Pyramidenzeit, so dass die Interpretationsergebnisse der jüngeren Quelle als anachronistisch bewertet und zum Verständnis der älteren nicht herangezogen werden dürften, wollte man dieser Argumentation folgen.

Nicht nur der Kulturvergleich, sondern gerade auch der interdisziplinäre Ansatz erweitert unseren Verstehenshorizont. Dann finden sich Antworten auf Fragen, die sich aus ägyptologischer Sicht nie stellen würden und werfen Licht auf unbeachtete oder unbekannte kulturelle Phänomene. Auch scheinbar wissenschaftlich längst bearbeitete Bereiche müssen immer wieder auf den Prüfstand; allein, weil jedem Wissenschaftler und jeder Wissenschaftlerin eine subjektive Sichtweise zueigen ist und jeder Versuch, Subjektivität aus der Arbeit auszuschließen und reine Objektivität walten zu lassen, niemals gelingen kann.

Letztendlich kann es immer nur darum gehen, ein weiteres kleines Fenster zum Verständnis der altägyptischen Kultur aufzustoßen.

Nahrung, Macht, Terror.
Überlegungen zum „Kannibalenhymnus"

Einleitung

Hier geht es um Macht, die aus Gewalt erwächst. Eine auf Gewalt basierende Macht impliziert, über Menschen verfügen und sie gegebenenfalls auch töten zu können. Sie könnten sogar - ebenso wie Tiere – gegessen werden. Um es aber gleich vorweg zu nehmen: Es gibt keine archäologischen Belege dafür, dass es im Alten Ägypten – auch nicht in der prädynastischen Zeit - Kannibalismus gegeben hätte.[1] Es gab aber Menschenopfer. Und ich denke, dass zwischen diesen und dem sog. Kannibalenhymnus eine Verbindung existierte. Und diese lautete: Gewalt als Strategie.

Der altägyptische Gesamtstaat gründete sich nicht auf Freiwilligkeit. In der Zeit vor der Reichseinigung versuchten lokale Machthaber ebenso wie später in Zeiten fehlender oder ungenügender Zentralgewalt, mit kriegerischen Mitteln die Position des Gottkönigs einzunehmen. Heute nennt man solche nach überregionaler Herrschaft strebende Machthaber „Warlords". Und wir werden sehen, dass ein Vergleich altägyptischer mit modernen „Kriegsherren" durchaus gerechtfertigt ist.

Zur Etablierung und Festigung seiner Macht verteilte der Gottkönig Statussymbole – wertvolle Rohstoffe, Ländereien, Naturalien, Tiere und Menschen - an Unterlegene und Untergebene, auf deren Loyalität und Unterstützung er angewiesen war.[2] Eine solche Basis der Herrschaft war aber instabil und funktionierte nur, solange es sich für beide Seiten lohnte, weshalb der Herrscher als weiteres Mittel zur Durchsetzung seines Machtanspruchs Gewalt einsetzen musste. Je wichtiger der Untergebene für den Machterhalt des Gottkönigs war, desto größer musste die ihm zugeteilte Menge an Statussymbolen sein. War er illoyal oder bedeutungslos, dann wurde ihm nichts zugeteilt; stattdessen musste er gewalttätige Zwangsmaßnahmen befürchten. Doch dazu unten mehr. Zunächst zum sog. Kannibalenhymnus.

Der „Hymnus" ist ein Pyramidenspruch, der an den Ostgiebeln der Vorkammern der Pyramiden von Unas (letzter König der 5. Dyn.) und Teti (erster König der 6. Dyn.) aufgezeichnet wurde (PT 273/274). Später findet er sich noch in zwei Gräbern und auf zwei Särgen aus dem Mittleren Reich (CT 573). Zusätzlich existieren in den Sargtexten Varianten

---

[1] S. Bruce G. Trigger, in: ders./Barry J. Kemp/David O'Connor/Alan B. Lloyd: Ancient Egypt. A Social History, 1989, 31. Selbstverständlich ist nicht auszuschließen, dass in extremen Hungerzeiten auch im Alten Ägypten Menschen Menschen aßen (s. Karl W. Butzer: Early Hydraulic Civilization in Egypt, 1976, 54). Die literarischen Hinweise, die dafür immer wieder herangezogen werden, sind aber „als Zeugen bestimmter historischer Entwicklungen nicht brauchbar" (s. Günter Burkard/Heinz J. Thiessen: Einführung in die altägyptische Literaturgeschichte I, 2003, 119ff). Auch im Zusammenhang mit den im Aufweg zur Unas-Pyramide abgebildeten, bis auf die Knochen abgemagerten Nomaden findet sich kein Zeichen von Kannibalismus (s. z.B. Claude Vandersleyen: Das Alte Ägypten, 1985, Abb. 257).

[2] Zur Kontrolle der Ressourcen und zu militärischen Allianzen in prädynastischer Zeit s. Kathryn A. Bard, in: Ian Shaw (ed.): The Oxford History of Ancient Egypt, 2000, 57ff

von einzelnen Teilen des Pyramidenspruchs.[3] Der „Kannibalenhymnus" ist sicherlich der bekannteste aller Pyramidensprüche, die zum ersten Mal von Gaston Maspero 1882-1893 und darauf aufbauend und bis heute grundlegend von Kurt Sethe 1908-1910 und 1922 publiziert wurden. Der „Hymnus" wurde immer wieder aus unterschiedlichen Perspektiven untersucht; und Deutungen gibt es ebenso viele wie es Bearbeiter gibt, die sich mit diesem Pyramidenspruch auseinandergesetzt haben. Bevor ich einige dieser Interpretationen vorstellen und danach meine eigenen Überlegungen ausführen werde, möchte ich den Pyramidenspruch in seiner vollen Länge präsentieren.

Der „Kannibalenhymnus"

Verhüllt ist der Himmel, die Sterne fahren durcheinander. Es beben die Boten der Welt, die Knochen des Erdgottes zittern. Doch jede Bewegung erstarrt, wenn Unas erblickt wird, der beseelt ist als ein Gott, der von seinen Vätern lebt, von seinen Müttern sich nährt. Dies ist Unas, dem Wissen eignet, dessen Namen (selbst) seine Mutter nicht kannte. Die Herrlichkeit des Unas ist im Himmel, und seine Macht erfüllt den Horizont wie die seines Vaters Atum, der ihn geformt hat – doch hat er ihn so geformt, daß er mächtiger ist als er. Die Ka-Kraft des Unas ist um ihn, Erhabenheit ist zu seinen Füßen. Seine Kronen sind auf seinem Haupt, seine Uräusschlangen an seinem Scheitel. Das Schlangendiadem sitzt an seiner Stirn, mit durchbohrendem Blick und leuchtender Flamme. Die Macht(zeichen) des Unas sind am rechten Platz. Dies ist Unas, der ,Stier' des Himmels, Ungeduld im Herzen, der vom Wesen aller Götter lebt, indem er ihre Eingeweide aufißt, wenn sie zaubererfüllt aus der ,Flammeninsel' kommen. Dies ist Unas, wohlversehen, der seine Zaubermacht zusammengefaßt hat. Unas ist erschienen als jener ,Große', der (viele) Gehilfen hat. Er thront zur Seite des Geb. Denn Unas ist es, der Recht spricht, gemeinsam mit dem, dessen Namen verborgen ist, an jenem Tag, an dem die Ältesten erschlagen werden. Dies ist Unas, der über Opferspeisen verfügt, der den Meßstrick knotet, der selbst für seine Speisen sorgt. Dies ist Unas, der Menschen frißt und von Göttern lebt, der Boten hat, die (seine) Aufträge durchführen. Der ,Scheitelpacker' in den Oasen (?) ist es, der sie mit dem Lasso für Unas fängt. Die hochgereckte Schlange ist es, die sie bewacht und sie von ihm fernhält. ,Der über seine Röte' ist es, der sie ihm bindet. Chons ist es, der die ,Herren' niedermetzelt und für Unas schächtet, der ihm herausnimmt, was in ihrem Leib ist. Der Bote ist das, den er ausgesandt hat, um zu strafen. Schesemu ist es, der sie für Unas schlachtet, der ihm ein Mahl aus ihnen kocht auf seinen abendlichen Feuerstellen. Dies ist Unas, der ihre Zauber aufißt, der ihre Zaubermacht verschlingt. Ihre Großen sind für sein Frühstück, ihre Mittleren für sein Abendbrot, ihre Kleinen für sein Nachtmahl, und ihre Greise und Greisinnen für seinen Räuchertopf. Der Größte (Stern) des Nordhimmels zündet ihm die Flamme an unter den Kesseln, die sie enthalten, mit den Schenkeln ihrer Ältesten. Die im Himmel sind, warten dem Unas auf, wenn die Feuerstellen für ihn angezündet werden mit den Beinen ihrer Frauen. Er hat die Himmel insgesamt durchmessen und die Beiden Ufer (Erde) durchlaufen. Denn Unas ist die größte Macht, ist der Allermächtigste. Unas ist ein Götterbild, das Bild der Bilder des ,Größten' (Gottes). Wen er findet auf seinem Weg, den frißt er auf, Stück für Stück. Der Platz des Unas ist an der Spitze aller Edlen, die im Horizont sind, denn Unas ist ein Gott, älter als die Ältesten. Ihm dienen Tausende, und Hunderte opfern für ihn. Ihm wurde eine Urkunde ausgestellt als ,Größter Macht' von Orion, dem Vater der Götter. Unas ist wiederum im Himmel erschienen, er ist gekrönt als Herr des Horizontes. Er hat die Rückenwirbel zerbrochen und die Herzen der Götter ergriffen. Er hat die Rote Krone aufgegessen und die

---

[3] Christopher Eyre: The Cannibal Hymn, 2002, 11

‚Papyrusfarbene' verschluckt. Unas nährt sich von den Lungen der Wissenden, er findet Gefallen daran, von Herzen zu leben und von ihren Zaubern dazu. Unas ekelt sich, wenn er die ‚Brechmittel' verschluckt, welche die Rote Krone enthält, aber er freut sich, wenn ihre Zauber in seinem Leib sind. Die Würde des Unas kann ihm nicht fortgenommen werden, denn er hat sich die Weisheit jeglichen Gottes einverleibt. Die Lebenszeit des Unas ist alle Zeit, seine Frist ist ewige Dauer in dieser seiner Würde des ‚Will er, so tut er, will er nicht, so tut er nicht', der im Bereich des Horizontes bleibt, immer und ewig. Wahrlich, ihre Seele (Ba) ist im Leib des Unas, ihr Geist ist im Besitz des Unas als sein Zusatzopfer, das (er) den Göttern voraus hat, das aus ihren Knochen für Unas gekocht wurde. Wahrlich, ihre Seele ist im Besitz des Unas, ihre Schatten sind ihren Eigentümern (fortgenommen). Unas ist es, fortwährend erscheinend und fortwährend (sich) verbergend. Die Täter von Taten können ihn nicht zerstören, den Aufenthalt des Unas unter den Lebenden in diesem Land, immer und ewig.[4]

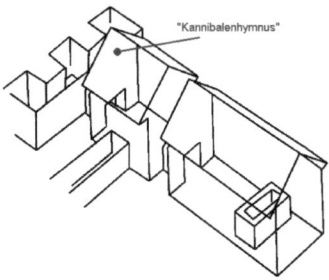

"Kannibalenhymnus"

Einige Interpretationen des „Kannibalenhymnus"

Joachim Spiegel hält Unas für einen „primitiven Empörer" und Usurpator, der als Osiris-Orion und „Herr des Reiches der Nacht" aus dem oberägyptischen Süden vordringend die „gereifte Kulturwelt des ‚Reiches der Sonne" überrannt hätte. Dies beschreibe der sog. Kannibalenhymnus, denn die „Realistik der Darstellung" weiße darauf hin, dass ein tatsächliches Geschehen widergespiegelt würde: „In ihr ist kein Detail einer schauervollen Wirklichkeit übergangen bis hinab zum ‚Verheizen' der ‚Älteren', deren Fleisch für den Genuß zu zäh ist, und dem Auskochen der ‚Suppe' aus dem Knochenmark der Erschlagenen. Bezeichnend ist vor allem die anschließende naive Schilderung des ‚Brechreizes', den der Usurpator bei dem magisch geforderten Hinunterwürgen der Roten Krone empfindet. Hier gewinnt man in der Tat den Eindruck, daß eine reale Handlung geschildert wird, bei der ein wirkliches Exemplar der unterägyptischen Krone, das natürlich aus Leder und anderen ungenießbaren Stoffen bestand, verschlungen wurde, was begreiflicherweise nur mühsam gelang".[5]

Den „Hymnus" sieht Joachim Spiegel als einen Teil des Auferstehungsrituals des Königs und gleichzeitig für den Ausdruck seines „maßlosen magischen Machtwillens". Unas übernehme – auf magische Weise - auch in der Götterwelt die Herrschaft: „Denn das Hauptanliegen des ganzen Pyramidenrituals ist zweifellos der Nachweis, daß der schließlich einmal erfolgende Tod des siegreichen Usurpators keinesfalls etwa seine Niederlage vor der Übermacht der ewigen Götter bedeutete, sondern daß sich vielmehr sein irdischer Triumph nunmehr im

---

[4] Übersetzung aus Erik Hornung, Gesänge vom Nil, 1990, 121ff

[5] Joachim Spiegel, Das Werden der altägyptischen Hochkultur, 1953, 559

Himmel fortsetzt und Zug um Zug wiederholt. In diesem Sinne kann man also vielmehr vermuten, daß die Entsprechung zwischen Mythos und Wirklichkeit so genau wie möglich durchgeführt wurde".[6]

Hartwig Altenmüller sieht im „Kannibalenhymnus" den Rezitationstext eines Rituals, das vor der Statue des verstorbenen Königs vollzogen wurde. Die Statue sei mit Re gleichgesetzt worden – und damit auch der König, dessen Ka in der Statue anwesend war. Altenmüller schreibt: „Die Statue, bei deren Vorführung für kurze Zeit die Weltordnung in Unordnung geraten ist, wird wie ein Götterbild behandelt... Der in der Statue verkörperte Gott empfängt Speiseopfer und Schlachtopfer, die ihm während des Tages von den Menschen an beliebigen Orten dargebracht werden".[7] Es sei nicht auszuschließen, dass „in der Vorgeschichte oder noch in der Frühzeit Ägyptens" tatsächlich Menschen geschlachtet wurden und als Opferspeise dienten.[8]

Hermann Kees interpretiert den sog. Kannibalenhymnus als Macht- und Nahrungszauber, „aus der Befürchtung geschaffen, daß der Tote im Jenseits hungern müsse... Wir wissen, wie stark die Nahrungssorge die Phantasie des Ägypters beschäftigt hat... So verstehen wir auch, wie die Phantasie hier die grotesken Formen außergewöhnlicher Sicherung der Ernährung im Jenseits angenommen hat. Vor Brutalität schrecken diese Texte nicht zurück, sobald es dem Eigennutz ihres Schützlings frommt".[9]

Katja Goebs hält den „Hymnus" für eine Beschreibung des Sonnenaufgangs, „in dessen Verlauf der Tote als Re (unterstützt von Helfergöttern, unter ihnen Mond und Morgenstern) seine Vorgänger am Himmel, die Millionen Sterne der Nacht, verschlingt und sie samt ihrer (magischen) Lebenskräfte in sich inkorporiert – in einer Umkehrung, oder vielleicht einem zusätzlichen Aspekt, der bekannten Formel des Neuen Reiches: ‚Der Eine, der sich (nicht nur zu, sondern auch) aus Vielen/Millionen macht'". Sie verweist darauf, dass „die Thematik der Gewalt und Blutlust" ein integraler Bestandteil der Beschreibung des unendlichen kosmischen Zyklus' darstelle und meint, dass die „Neuschöpfung des Einen am Morgen" mit der „Zerstörung der nächtlichen Vielheit" nicht nur einhergehe, sondern auch auf ihr basiere.[10]

Christopher Eyre interpretiert den „Kannibalenhymnus" als Ritualtext eines Schlachtopfers, dessen Kern die Machtübertragung vom Herrscher auf den Thronfolger darstelle, indem letzterer einen Stier als Speiseopfer darbringe.[11] Der Stier symbolisierte schon in frühester

---

[6] Spiegel, Werden der altägyptischen Hochkultur, 561

[7] Hartwig Altenmüller, Die Texte zum Begräbnisritual in den Pyramiden des Alten Reiches, ÄA 24, 1972, 209

[8] Hartwig Altenmüller, in: Fragen an die altägyptische Literatur, FS Eberhard Otto, 1977, 38. An dieser Stelle möchte ich Professor Altenmüller für die folgenden Hinweise danken: Dafür, dass niedergemetzelte Feinde durchaus als Schlachtopfer zum Verzehr gedacht gewesen sein könnten, gibt es sehr frühe Anzeichen. Zum Beispiel auf einer Statue des letzten Königs der 2. Dynastie Chasechemui, auf deren Sockel niedergeschlagene Feinde in der Haltung von Schlachtvögeln dargestellt sind. Sehr viel später, in den ptolemäischen Tempeln von Esna und Edfu finden sich Abbildungen vom König, wie er ein Klappnetz zuzieht, in dem nicht nur Vögel, Fische und Wüstenwild gefangen sind, sondern auch gefesselte Feinde, die wie Tiere behandelt werden. Diese Abbildungen können durchaus als kulturelles Überbleibsel entweder eines symbolischen oder tatsächlichen Kannibalismus angesehen werden: Feinde, die wie Schlachtopfer vorgeführt wurden, wurden in früher Zeit vielleicht auch wie Schlachtopfer verzehrt.

[9] Hermann Kees, Totenglauben und Jenseitsvorstellungen der alten Ägypter, 1983, 93ff

[10] Katja Goebs, in: GM 194, 2003, 45

[11] Eyre, Cannibal Hymn, 137ff

Zeit den König, war aber zugleich auch ein Symbol für das Chaos, das vom (zukünftigen) Herrscher bei der Jagd und der Opferung überwunden werden musste. Entsprechend stelle der verstorbene König als „Stier des Himmels" nicht nur den unüberwindlichen Herrscher dar, sondern auch das zu schlachtende Opfertier, durch dessen Verzehr ihm die Macht über den gesamten Kosmos übertragen würde. Eyre schreibt, „the king appears as Bull of the Sky, which is portioned as the sacrificial bull, cooked, and its power absorbed in the (re)birth of the new god".[12]

Der Pyramidenspruch beschreibe den König als Erben oder auch als Ersatz der urzeitlichen Götter, deren verschiedenen Aufgaben und Kräfte in der „anderen Welt" er übernehme - legitimiert oder durch Gewalt. „He succeeds to, or he usurps the functions of his predecessors, the old gods who created the world".[13]

Erik Hornung meint, Unas eigne sich „die magisch wirksamen Fähigkeiten aller Himmelsbewohner (Götter und Tote) an, indem er sie verschlingt. Bei der Zubereitung dieses kannibalischen Mahles helfen ihm andere Götter, u.a. der Mondgott Chons und Schesemu, der Gott des Keltergerätes; wer nicht zum Verspeisen taugt, dient der Räucherung. So hat sich der tote König die wirksame Zaubermacht aller Wesen angeeignet und unzerstörbare Dauer erreicht, die sein ewiges Fortleben im Jenseits garantiert".[14]

Jan Assmann sieht im „Kannibalenhymnus" eine Beschreibung der Einbindung des Toten in das Jenseits durch Essen. Es gehe dabei um „die Aufhebung der Vereinsamung, in die der Tod den Menschen gestoßen hat".[15] Beim Essen und Trinken werde das Bild der „sozialen Konnektivität" beschworen, „um den Toten wieder einzubinden in eine Gemeinschaft, die den aus den Bindungen der Lebenswelt Herausgerissenen als einen der Ihren aufnehmen soll". Assmann bezeichnet dies als „Todesheilung durch Einbezogenheit".

Das altägyptische Jenseits erscheine als Sozialsphäre, in die der Tote als Neuankömmling eingegliedert werde, wobei der „Kannibalenhymnus" den König als Wesen beschreibe, das „sich die Götterwelt geradezu physisch einverleibt". Assmann sieht darin eine „gewaltsame Form der Eingliederung durch Einverleibung". Durch den „Auftritt des Toten als König und Herrscher der Unterweltlichen" seien die durch den Tod eingetretene Isolation und der Verlust seiner Ehre und seines Status' aufgehoben.

Was ist Kannibalismus?

Kannibalismus oder Anthropophagie meint „das Verzehren des menschlichen Körpers oder von Teilen davon durch Menschen. Nur sehr selten scheint der menschliche Körper als Nahrungsmittel zu dienen. Ein derartiger ‚profaner Kannibalismus' ist schlecht bezeugt; nur wenige zuverlässige Forscher und Reisende haben ihn mit eigenen Augen beobachtet. Es scheint aber, daß er bisweilen – auch außerhalb von Notsituationen - vorkommt, so z.B. früher

---

[12] Eyre, Cannibal Hymn, 149

[13] Eyre, Cannibal Hymn, 142

[14] Hornung, Gesänge vom Nil, 194f

[15] Jan Assmann, Tod und Jenseits im alten Ägypten, 2001, 82ff

im Caucatal in Südamerika. Sehr viel häufiger ist jedoch der ‚kultische Kannibalismus' (auch ‚sakraler' oder ‚magischer Kannibalismus' genannt). Hierbei werden gewisse Körperteile von einem bestimmten Personenkreis – Frauen, Jugendlichen, Unfreie sind vielfach ausgeschlossen – verzehrt, um sich die Kräfte oder Fertigkeiten des Opfers anzueignen. Bisweilen ist der sakrale Kannibalismus mit Kopfjagd verbunden; dies muß aber nicht sein".[16]

Nahrung, Macht, Terror

Der Anthropologe Marvin Harris meint, dass die aztekische Religion den Kannibalismus deswegen gefördert habe, weil das Ökosystem erschöpft war und darum Menschenfleisch als Quelle tierischen Proteins genutzt wurde.[17] Harris stellt zwar fest, dass „die Umverteilung des Fleisches von Ritualopfern den Eiweiß- und Fettanteil in der Kost des aztekischen Volkes" nicht steigern konnte, einfach weil die dazu zur Verfügung stehende Menge an Menschenfleisch zu gering war. „Aber wenn das Fleisch in konzentrierten Rationen dem Adel, dem Militär und den ihnen assoziierten Gruppen zugute kam, und wenn die Verteilung zeitlich so organisiert war, daß Defizite im agrarischen Zyklus ausgeglichen wurden, konnte der Nutzen für Moctezuma und die herrschende Klasse durchaus groß genug sein, um den politischen Zusammenbruch abzuwenden."

Der für das Alte Ägypten interessante Hinweis ist nun folgender: „Wenn diese Analyse zutrifft, müssen wir ihre umgekehrten Implikationen untersuchen: namentlich daß die Verfügbarkeit domestizierter Tierarten eine wichtige Rolle bei der Verhinderung von Kannibalismus und der Entwicklung von Religionen der Liebe und Gnade in den Staaten und Reichen der Alten Welt gespielt hat".[18] Unter diesem Gesichtspunkt können wir, so meine ich, davon ausgehen, dass es im Alten Ägypten zumindest keinen institutionalisierten Kannibalismus gab.

Wie also erklärt sich der drastische Wortlaut des Pyramidenspruchs, der ganz klar den König als Kannibalen schildert? Wenn es um die Nahrungssicherung, die Eingliederung in die Göttergemeinschaft oder die Auferstehung des Verstorbenen ginge, wäre eine direktere Schilderung der königlichen Jenseitshoffnungen möglich gewesen.[19]

Christopher Eyres Behauptung, Kannibalismus habe es nie gegeben und sei lediglich ein Mythos und ein Vorurteil, das zur Denunzierung fremder ethnischer oder misslieber politischer Gruppen genutzt würde,[20] ergibt im Falle des „Kannibalenhymnus" keinen Sinn. Denn er ist keine Fremd-, sondern eine Selbstbeschreibung des Königs. Der Wortlaut wurde bewusst gewählt. Die abschreckende und abgrenzende Wirkung ging also gezielt vom König aus. Eyres Schilderung dessen, weshalb Kannibalismus grundsätzlich als Metapher verstanden werden müsse, trifft meines Erachtens exakt den Kern der Aussage des

---

[16] Sylvia Haas/Josef Franz Thiel, in: Walter Hirschberg (Hg.): Neues Wörterbuch der Völkerkunde 1988, 244

[17] Marvin Harris, Kannibalen und Könige, 1995, 144f

[18] Harris, Kannibalen und Könige, 145f

[19] Vgl. Winfried Barta: Die Bedeutung der Pyramidentexte für den verstorbenen König, MÄS 39, 1981, 108ff

[20] Eyres, Cannibal Hymn, 155ff. Vgl. dagegen Karoline Lukaschek: The History of Cannibalism, 2000/2001, 30f (URL: http://www.rzuser.uni-heidelberg.de/~klukasc2/cannibalism.pdf)

Pyramidenspruchs, ist aber dennoch kein Argument gegen praktizierten Kannibalismus: „Cannibalism is a cultural nightmare. The cannibal is a monster, an extra-social individual, who belongs in a similar category to the vampire and the werewolf: a monstrous figure of supernatural, inhuman terror. At the level of the group it dehumanises the unfamiliar, or the enemy, since in any symbolic system cannibalism is by definition a pattern of disordered ‚chaotic' unhuman behaviour".[21]

Ich meine, der „Kannibalenhymnus" sollte der Verbreitung von Angst und Schrecken dienen und war das Ergebnis der ins Jenseits übertragenen diesseitigen Strategie für den Machterhalt des Herrschers. Über seinen Tod hinaus umgab sich der König absichtsvoll mit einer Furcht erregenden Aura von Macht durch Gewalt.

Neben dem Töten und Opfern von Feinden des Königs und des Staates, die zumeist fremder ethnischer Abstammung waren, was zumindest in späterer Zeit hauptsächlich durch das „Niederschlagen der Feinde" symbolisiert oder rituell durch das „Zerbrechen der roten Töpfe" vollzogen wurde,[22] wurden in frühester Zeit auch eigene Leute geopfert. Bei der Grabanlage von Horus Aha (erster König der 1. Dyn.) in Abydos wurde „erstmals eine Sitte festgestellt, die nach einer kurzen, intensiven Blüte schon zu Ende der 1. Dynastie wieder unüblich wird, nämlich die, Mitglieder des königlichen Haushalts in Nebengräbern mitzubestatten".[23] Diese Form von Gewalt betraf also alle Menschen in unmittelbarer Umgebung des Königs, die eventuell sogar körperlichen Kontakt zu ihm hatten oder ihm das Essen zubereiteten. Sie standen zu Lebzeiten massiv unter Druck aus eigenem Interesse das Leben des Königs zu schützen und wenn möglich zu verlängern. Auch Marvin Harris schreibt zu diesem Phänomen: „Die Opferung von Hofbeamten hatte eine Doppelfunktion. Ein König mußte seinen Hof nach dem Tode mit sich nehmen, damit er weiter Verhältnisse genießen konnte, wie er sie aus dem Leben gewohnt war. Doch in einem sehr viel irdischeren Sinn diente der obligatorische Mord an den Ehefrauen, Dienern und Leibwächtern eines Souveräns dazu, um sicherzustellen, daß sein engster Anhang sein Leben ebenso wertschätzte wie das eigene und sich daher nicht gegen seine Herrschaft verschwor oder die geringste Bedrohung seiner Sicherheit duldete".[24]

Der Gottkönig setzte auch zur Durchführung seiner Kriege und Bauprojekte Gewalt gegen seine Untertanen ein, die zu bestimmten Zeiten sicher auch in Terror umschlagen konnte. Jürgen Kraus schreibt, dass der altägyptische Verwaltungsapparat schon früh auf spezielle Listen zurückgreifen konnte, die sich aus zweckgebundenen Erhebungen ergaben und die gesamte Bevölkerung erfassten.[25] Diese Listen umfassten drei große Bereiche: Militärwesen und Rekrutierung, Steuer- und Abgabenverwaltung und Organisation von Arbeitskräften. Nicht der einzelne, sondern die Dorfgemeinschaften hatten eine bestimmte Abgabenleistung

---

[21] Eyre, Cannibal Hymn, 157. In diesem Zusammenhang möchte ich aus einem Interview mit dem mehrfachen Boxweltmeister im Schwergewicht Lennox Lewis zitieren: „Mike Tyson war der Letzte, den ich wirklich schlagen wollte. Er drohte, meine Kinder zu fressen… Er hat während einer Pressekonferenz versucht, mir ins Bein zu beißen. Ein echter Schock… Beißen – das machen nur Tiere" (Stern, Heft 13, 2012, 122).

[22] In diesem Zusammenhang sind sicherlich auch die bewusst zerschlagenen, im Totentempel der Pyramide von Pepi I. (zweiter König der 6. Dyn.) gefundenen Statuen gefesselter Feinde einzuordnen.

[23] Stephan Seidlmayer, in: Regine Schulz/Matthias Seidel (Hgg.): Ägypten. Die Welt der Pharaonen, 1997, 30

[24] Harris, Kannibalen und Könige, 150

[25] Jürgen Kraus, Die Demographie des Alten Ägypten, 2004, 127ff

in Form von Naturalien oder Arbeitskräften zu erbringen, wobei die Art und Menge der Abgaben vom Staat jährlich neu festgelegt wurden. Die Schreiber und Rekrutierungsoffiziere gingen direkt in die Dörfer, um diese einzufordern. Und dabei gingen sie nicht zimperlich vor: In ihren Gräbern ließen sich die Beamten auch bei Gewaltmaßnahmen gegen die Bevölkerung abbilden.

Marvin Harris schreibt: „Trotz der Entwicklung von Philosophien und Religionen, die Gerechtigkeit und Gnade predigen, mußten sich die Herrscher über diese weitläufigen Reiche häufig auf Einschüchterung, Gewalt und Terror stützen, um Recht und Ordnung aufrechtzuerhalten. Von den Untertanen wurde totale Unterwerfung verlang; höchstes Symbol war die Verpflichtung, sich in Gegenwart des Machthabers zu Boden zu werfen und im Staub zu kriechen... All diese alten Reiche kannten gnadenlose Systeme, die aufsässigen Personen aufzustöbern und zu bestrafen. Spione hielten die Herrscher auf dem laufenden über mögliche Störenfriede. Die Bestrafungen reichten von Schlägen bis zum Tod durch die Folter".[26]

Wie oben schon erwähnt sehe ich Ähnlichkeiten zwischen den sog. Warlords und den altägyptischen Kriegsherren, aus deren Mitte heraus sich in „gewaltoffenen" Zeiten ein Machthaber zum Gottkönig über den Gesamtstaat erheben konnte.

Der Ethnologe Michael Bollig beschreibt die soziale und politische Organisation von Kriegsherren-Gruppen wie sie heute in einigen afrikanischen Ländern vorzufinden sind[27]: Es sind Klientelnetzwerke oder Patronage-Systeme, innerhalb derer der jeweilige Patron „zu Leistungen gegenüber seiner Klientel verpflichtet" ist. „Kann er diesen Obligationen nicht nachkommen, ist er seiner Macht beraubt." Vieles dieser Klientelherrschaft lässt sich auf das Alte Ägypten übertragen[28] und sollte insofern einige Überlegungen wert sein: Warlords sind bemüht, „ein Charisma zu konstruieren, das ihnen außeralltägliche Qualitäten und übermenschliche Kräfte oder Eigenschaften zuschreibt". So wird z.B. den Kriegsherren Liberias nachgesagt, „dass sie ihren militärischen Erfolg durch Menschenopfer und kannibalistische Akte magisch herbeiführen".[29] Warlords umgeben sich bewusst „mit der Aura des Antimodernistischen" und etablieren „über eine ausgeprägte Symbolsprache und die kultische Anwendung von Gewalt eine ‚Kultur des Terrors'". Auch Thomas O. Höllmann schreibt: „Oftmals brutale Schilderungen des Kannibalismus dienten – ungeachtet realer Hintergründe – primär der Abschreckung und können als ‚Symbolik des Terrors' charakterisiert werden".[30] Michael Bollig meint weiterhin: „Rituelle und symbolische Elemente der Gräueltaten haben kommunikativen Wert. Sie werden in der Gemeinschaft weitergegeben und verstärken Trauma und Angst in der angegriffenen Bevölkerung." Typisch

---

[26] Harris, Kannibalen und Könige, 200

[27] Michael Bollig, in: Winfried Böhm/Martin Lindauer (Hgg.): Welt ohne Krieg?, 11. Würzburger Symposium, 2002, 321ff (gekürzte Version: URL: http://uni-kassel.de/fb5/themen/Privatkriege/kriegsherren.html). Bolligs Ausführungen treffen z.B. auch auf die heutigen Warlords in Afghanistan zu.

[28] Zum „Gefolgschaftssystem" im Alten Ägypten s. Detlef Franke, in: ZÄS 117, 1990, 119ff

[29] Auch dem ehemaligen Warlord und späteren Vizepräsidenten der Übergangsregierung der Demokratischen Republik Kongo werden schwerste Menschenrechtsverletzungen wie z.B. Kannibalismus vorgeworfen, 2003 ein Fall für den Internationalen Strafgerichtshof in Den Haag (URL: http://www.gfbv.it/2c-stampa/03-2/030923de.html). Die Vorwürfe wurden 2004 wieder zurückgenommen (URL: http://www.mg.co.za/articlepage.aspx?area=/breaking_news/breaking_news__africa&articleid=137256).

[30] Thomas O. Höllmann, in: Rolf Peter Sieferle/Helga Breuninger (Hgg.): Kulturen der Gewalt, 1998

für das Kriegsherrentum sind z.b. die „destruktiven Methoden der Aneignung", mit denen der Bevölkerung „ohne Rücksicht auf wirtschaftliche Konsequenzen" Ressourcen entwendet werden. Typisch ist auch die Zwangsrekrutierung von Zivilisten und die „kultisch überhöhte Gewaltanwendung", bei der „der Körper des Opfers zum Medium tabubrechender Gewalt" wird.

Schluss

Kannibalismus ist „ein Mittel zur Demonstration grenzenloser Macht".[31] Zwar ist der „Kannibalenhymnus" sicher kein Beleg für Kannibalismus im Alten Ägypten, dennoch beschreibt er Menschenfresserei.[32] Der Verzehr von Fleisch bedeutet buchstäblich durch den Tod und die Vernichtung eines Lebewesens (körperliche) Kraft zu gewinnen. Dass dem Fleisch – umso mehr dem Menschenfleisch - aus diesem Grund magische Kraft zugemessen wurde, ist nahe liegend.

In einer Kultur, in der die Unversehrtheit des Körpers als zentraler Punkt des Jenseitsglaubens die Grundvoraussetzung für ein Leben nach dem Tod darstellte, war Kannibalismus ein Ausdruck äußerster Gewalt gegen einen Menschen. Der König als Herr über Leben und Tod seiner Untertanen war die personifizierte Gewalt. Er war ein Gott. Und im Tod war er mächtiger als alle anderen Götter. Der „Hymnus" ist als eine einzige Bedrohung aufzufassen – für alle Jenseitigen, die es wagen sollten, sich ihm in den Weg zu stellen.[33] Winfried Barta meint über die Pyramidentexte, sie hielten den „Lebenslauf fest, indem sie als Jenseitsbiographie Wesen und Handlungen des Grabherrn nach seinem Tode beschreiben und durch ihre dauerhaft in Stein gehauene Anbringung garantierten, daß der Tote in Ewigkeit so wie geschildert leben wird". Der verstorbene König gestalte sein Dasein „in absoluter Willensfreiheit".[34]

Gewalt als Strategie - wie im Diesseits, so im Jenseits - dies ist es, meiner Meinung nach, was der „Kannibalenhymnus" vermittelt.

---

[31] Ulrich Eberl: Kannibalismus – uraltes Erbe oder Mythos? (URL:http://www.wissenschaft.de/wissen/hintergrund/172917.html)

[32] Über Ernährung an sich sagt er nicht viel aus. Wir erfahren aber immerhin, dass es im Alten Ägypten kein Mittagessen gab, was auch andere Quellen belegen (s. Stefan Grunert, in: Ulrike Peter/Stephan J. Seidlmayer (Hgg.): Mediengesellschaft Antike? Information und Kommunikation vom Alten Ägypten bis Byzanz, 2006, 187).

[33] Eine ähnliche Form von Gewalt mittels der der eigene Wille durchgesetzt werden sollte, findet sich auch in späterer Zeit in Zaubersprüchen, die mit Götterbedrohungen arbeiten (s. Geraldine Pinch: Magic in Ancient Egypt, 2006, 74f; s. László Kákosy: Zauberei im alten Ägypten, 1989, 108ff).

[34] Barta, Bedeutung der Pyramidentexte, 148f